EDGE OF A *FANTASY* AND OTHER POEMS

OTHER POETRY BOOKS BY GIL SAENZ
OTROS LIBROS DE POESIA POR GIL SAENZ

COLORFUL IMPRESSIONS
Printed by Casa de Unidad, 1993
Detroit, Michigan

MOMENTS IN TIME
Printed by Bookmasters Inc., 1995
Ashland, Ohio

LAVENDER & LACE
Coauthored with Jacqueline Sanchez
Published by Sounds of Poetry, 1998
Detroit, Michigan

DREAMING OF LOVE
Published by Pentland Press Inc., 1999
Raleigh, North Carolina

POEMS OF LIFE / POEMAS DE LA VIDA
Published by Laredo Publishing Co., 2001
Beverly Hills, California

SPACES IN BETWEEN (ESPACIOS ENTRE MEDIOS)
Published by AuthorHouse, 2003
Bloomington, Indiana

EDGE OF A FANTASY AND OTHER POEMS

AL BORDE DE UNA FANTASIA Y OTROS POEMAS

GIL SAENZ

Library of Congress Control Number: 2018911555
ISBN: Hardcover   978-1-9845-5611-0
                 Softcover   978-1-9845-5610-3
                 eBook   978-1-9845-5609-7

Print information available on the last page.

Rev. date: 09/26/2018

To order additional copies of this book, contact:
Xlibris
1-888-795-4274
www.Xlibris.com
Orders@Xlibris.com
784766

DEDICATION

This book of poems is dedicated to all my relatives and to all my friends and associates from the Downriver Poets & Playwrights group in Wyandotte, Michigan. Also, I would especially like to dedicate this collection to my good friend and associate Anita Walters.

DEDICATORIA

Este libro de poemas se dedica a todos mis parientes y a todos mis amigos y asociados en el grupo Downriver Poets y Playwrights de Wyandotte, Michigan.

Tambien, quisiera dedicar esta colección a mi querida amiga y colega,
Anita Walters.

CONTENTS

PREFACE

Poetry is not the thing said but a way of saying it.
                                    —Alfred Edward Housman

It gives me great pleasure and pride to present once again a collection of my poems in both English and Spanish, two of the world's major languages. Both the English and Spanish languages have a long, rich cultural history and tradition, which goes back many centuries.

PREFACIO

"La poesía no es la cosa dicho sino la manera de decirlo."
—Alfred Edward Housman

Me da mucho gusto y mucho orgullo presentar de nuevo una colección de mis poemas en inglés y español, dos lenguas mayores del mundo. Ambas tienen una historia y tradición cultural rica, muy larga y extensa.

ACKNOWLEDGMENT

I would like to give special thanks to my brother, Rudolph Saenz, for his valuable and extensive assistance with the Spanish language translation of this work. My brother holds a PhD in foreign language education from the University of Michigan, which he earned in 1977. As a Spanish teacher, he worked first at Bentley High School in Livonia, Michigan, until his retirement in 2003. At Bentley High School, he was also the department head of the Foreign Language Department. In addition, he taught at other levels, as well as a couple of terms at Madonna University, Livonia, Michigan, and the University of Michigan in Ann Arbor. He has traveled in Spain and Mexico. He also studied in Spain for a brief time.

AGRADECIMIENTO

Quisiera agradecer especialmente a mi hermano Rudolph Saenz por su valiosa ayuda extensa en la traducción española de esta obra. Mi hermano es doctorado con su PhD cumplido en 1973 de la Universidad de Michigan. Era profesor primeramente en la escuela secundaria, Bentley High School de Livonia, Michigan y se jubiló de este sistema en 2003. En la misma escuela secundaria era el presidente del departamento de lenguas. Además, enseñó en otros niveles como la Universidad de Madonna en Livonia, Michigan y la Universidad de Michigan en Ann Arbor. Ha viajado en España y en Méjico. También estudió por un tiempo en España.

EDGE OF A FANTASY

On the edge of a fantasy,
quickly they run from reality.
Searching for
their own unique happiness,
imagining and wishing,
desiring the best of dreams,
remembering the secret hopes,
all the well-planned schemes.
Never knowing exactly
how the story
would finally unfold,
eager hearts, always loving,
always yearning,
wishing for their fantasy
to behold.

AL BORDE DE UNA FANTASÍA

Al borde de una fantasía,
De pronto huyen de la realidad,
buscando su propia felicidad única.
imaginando y deseando,
Esperando lo mejor de sus sueños,
recordando las esperanzas secretas,
todos los esquemas proyectados,
nunca sabiendo de cual manera
la historia últimamente
se desarrollará.
Los corazones ansiosos siempre amando,
siempre anhelando
su fantasía poseer.

RAINBOW HEAVEN

Orange moon, purple sky,
see the dreams and wishes floating by;
pretty colors, pretty lights,
make those dreams so very bright.

Orange moon, purple sky,
make one feel like asking why;
many days, many years,
filled with happiness and good cheer.

Orange moon, purple sky,
our reverence for life you intensify;
people stop, people stare,
full of wonder at nature's grand affair.

Orange moon, purple sky,
the angels are singing their lullaby;
many hearts, many lives,
will revel in this rainbow paradise.

La Firmamente Del Arco Iris

Luna anaranjada, cielo morado,
mira a los sueños y los anhelos flotando;
los colores bonitos, las luces bonitas,
hacen ser esos sueños tan brillantes.

Luna anaranjada, cielo morado,
Le hace a uno preguntarse porqué;
tantos días, tantos, años,
llenos de alegría y felicidad.

Luna anaranjada, cielo morado,
nuestra reverencia por la vida se intensifica;
la gente se para y clavan la vista,
lleno de maravilla a la naturaleza,
y a su gran fiesta.

Luna anaranjada, cielo morado,
los ángeles cantan la canción de cuna;
muchos corazones, muchas vidas,
se divertirán para siempre
de este paraíso del arco iris.

VAGABONDS

Wandering hearts,
restless spirits,
traveling many roads,
roaming here and there.
Following destiny
wherever it may lead,
living out adventures,
new beginnings,
new locations,
always searching
for their next satisfaction,
in which to be happy and fulfilled,
life must yield its goodness.

VAGABUNDOS

Corazones errantes,
espíritus inquietos,
viajando por muchos caminos,
vagando por aquí y por allá.
Siguiendo el destino
en qualquier dirección
nos llevará.
Viviendo aventuras
comienzos nuevos,
lugares nuevos,
siempre buscando
la próxima satisfacción,
ser contento y realizado;
la vida debe que
entregar su bondad.

Moonglow

A strong wind
pushed the waters
and made the waves higher
out on the sandy beach.

The light of the full moon
reflected on the many
shiny ripples and waves,
giving a sparkle to each.

It was all so much like life,
going by with a lot
of splash and sparkle,
inviting us to enjoy
and take advantage
of all its countless
possibilities.

RESPLANDOR DE LUNA

Un viento fuerte
hizo crecer más altas
las ondas allí cerca de
la playa arena.

La luz de la luna llenada
reflejaba en las muchísimas
ondas pequeñas y rizadas
dando a cada una
un brillo luminoso.

Todo era tan semejante
a la vida, pasando
con mucho resplandor,
invitándonos a disfrutar
y aprovechar de todas
las posibilidades
numerosas.

A STAR

Our life is like
a tiny star
flowing through
the universe,
a passing of time,
a field of energy,
pulsating,
blinking on
and off.

Like a comet
always colliding
with new,
unpredictable
mysteries,
filled with infinite
possibilities
struggling for
identity
and fulfillment
in the
vastness.

La Estrella

Nuestra vida
es como
una estrella pequeña
fluyendo por medio
del universo,
un paso de tiempo,
un campo,
de energía pulsando,
a veces parpardeando,

Como un cometa
siempre chocando
con misterios
nuevos,
imprevisibles
llenos con posibilidades
infinitas,
luchando por
la identidad
y la realización
en la inmensidad.

ROSE TWILIGHT

The evening sky is all ablaze
with rosy haze,
silvery mist
by nature kissed—
wrapped with twilight colors.

Songs from the invisible waves
of music saves
all we admire,
all we require.
Transported by the lullaby,
evening sky,
love's tenderness
brings peacefulness.

CREPÚSCULO ROSADO

El cielo de noche está todo resplandecido
con una niebla rosada,
una sombra plateada,
besado por la naturaleza –
envuelto en colores del crepúsculo.

Canciones de las ondas invisibles
de buenas melodías
guardadas,
todo lo que admiramos.,
todo lo que requeremos.
Trasladados por la canción de cuna,
el cielo de nocturno,
la ternura del amor
trae la paz.

WORD WEAVER

Weaver of words,
tying together
that particular skill,
many phrases
commanding declarations
of experience distilled.

Attempting to show
patterns and themes
interwoven in rhymes
with striking metaphors,
composing reality
in beautiful designs.

Weaving words
in zigzag patterns,
quilting the lines,
sewing them all
in agreeable sounds,
elegant syntax combined.

Inscribing lively
truths that capture
complex creation,
spinning new
myriad expressions
to fulfill the imagination.

Tejedor De Palabras

Tejedor de palabras,
enlazando juntos,
esa habilidad particular.
Muchas frases,
mandando declaraciones
de la experiencia destilada.

Tratando de enseñar
dibujos y temas
entretejidos en rimas
con metáforas estupendas;
componiendo la realidad
en diseños bellos.

Tejiendo palabras
en modelos de zigzag
acolchando las líneas
cosiendo todas
en sonidos agradables,
combinadas en sintáxis elegante.

Inscribiendo verdades
vivas que capturan
la creación compleja,
contando expresiones
nuevas e inumerables
para cumplir
la imaginación.

Restful Meditation

Peaceful calm, quiet rest,
dissolve away the body's stress.
Renew both spirit and mind,
leaving cares of the world behind.

Peaceful calm, quiet rest,
are the soul's incessant quest.
Not always part of every day,
relaxation lightens our way.

Peaceful calm, quiet rest,
are a chance for our spirit to progress.
Gentle flowing of all our senses
melts away our false pretenses.

Peaceful calm, quiet rest,
get us in touch with foreverness.
Meditation makes us feel
an aliveness that is very real.

Meditación Tranquila

Calma tranquila, descanso callado,
deshace la tensión del cuerpo cansado.
Renovando el espíritu y la mente,
las preocupaciones mundiales atrás dejando.

Calma tranquila, descanso callado,
es la búsqueda interminable del alma.
No siempre una porcion de cada día,
la relajación nos hace ligero el camino.

Calma tranquila, descanso callado,
una oportunidad para nuestro espíritu adelantar.
El fluir suave de todos nuestros sentidos,
nos desaparecen todos nuestros pretensos falsos.

Calma tranquila, descanso callado,
nos acerca más a la eternidad.
La meditación nos hace sentir
más vivo y es sumamente verdadero.

LIFE'S COLLAGE

Counting the miles,
Traveling far and fast,
Watching the world go by,
Remembering the past.

Seeing the beauty,
Feeling the breeze,
Touching the flowers,
Watching the trees.

Powerful waterfalls,
Graceful, shining lakes,
Gently flowing streams,
Happiness and heartbreak.

Vistas of colors,
Soft-setting sun,
Magnificent mountains—
All nature is one.

Montaje De La Vida

Contando las millas,
Viajando lejos y pronto,
Observando el mundo pasar,
Y recordando el pasado.

Viendo la belleza,
Sintiendo las brisas,
Tocando las flores,
Mirando los árboles.

Cascadas poderosas,
Lagos luminosos y graciosos,
Arroyos corriendo apaciblemente,
Felicidad y dolor de corazón.

Vistas de colores,
El anochecer suave,
Las montañas magnífícas,
Toda la naturaleza unida.

MUSIC IN THE AIR

Soft music flows through the night air
for all to share.
Fine harmony,
the recipe,
songs from the invisible waves
of good tunes saves
all we admire,
all we require.
Transported by the lullaby,
evening sky,
love's tenderness
yields peacefulness.

La Música En El Aire

La música suave fluye por el aire de la noche
para que todos puedan compartirla en común.
Armonía fina,
la receta,
cancioñes de las ondas invisibles
de buenas melodías retenidas,
todo lo que admiramos,
todo lo que necesitamos.
Trasladados por la canción,
el cielo nocturno,
la ternura del amor,
cede la tranquilidad.

LAVENDER

Unforgettable beauty of lavender
Appears in both the earth
And the colors of the sky.
An aromatic flower,
As well as part of the many changing
Shades of the daily heavens on high.
Creamy color in the sky—
Color of dawn—
Quickly there and then is gone.
Light, violet, lavender,
How unique its special glow.
Colored in nature in light lilac,
Amethyst, and airy purple indigo.

LAVANDA

La belleza inolvidable de lavanda
Aparece en la tierra
Tanto como en los colores del cielo.
Una flor aromática,
Y también una parte de los matices
Que cambian allí en las alturas
Del cielo diariamente.
Color cremosa del firmamento—
Color del amanecer—
Apenas y allí entonces huido.
Ligero, violeta, lavanda….
Qúe único es su brillo especial,
Colorido de color natural de la lila,
Amatista y vaporoso, índigo púrpura.

VISIONS OF SUNRISE

Misty dawn, lilac sky,
Weary spirits look up high.
Early morn, brand-new day,
Rising sunlight brightens our way.

Misty dawn, lilac sky,
Daily beauty magnified.
All the world is in its prime,
Each horizon yields a new springtime.

Misty dawn, lilac sky,
Puffy clouds float on by.
Across the heavens, eagles soar,
Far below, the oceans roar.

Misty dawn, lilac sky,
All the earth must comply.
Amber light, new sunshine,
Sing praises to the Divine.

VISIONES DEL AMANECER

Amanecer brumoso, cielo de lila,
Espíritus cansados miren arriba.
Muy de mañana, nuevo día,
Luz de sol saliendo, ilumine nuestro camino.

Amanecer brumoso, cielo de lila,
Belleza diaria magnificada.
Todo el mundo está brotando,
Cada día presente una nueva primavera.

Amanecer brumoso, cielo de lila,
Las nubes blancas flotan en el aire.
Las águilas vuelan por el cielo celeste,
Muy abajo el oceáno brama.

Amancer brumoso, cielo de lila,
Todo el mundo tiene que ponerse de acuerdo.
Luz de ámbar, luz nueva del amanecer,
Cantan alabanzas al Creador.

POETRY MAN

Poetry man, your destiny
has already been ordained.
You were meant to be a teacher,
a consummate storyteller,
otherworldly and mundane.
A lover of words and the artful phrase,
an entertainer with wit and charm,
simple yet urbane.
You must give the impression
of a sophisticated, self-possessed man
who has become wise to the ways
of the world since time began.
You must be all to each and each to all,
pleasing most as you compose.
After all, poetry is very different
from prose.

Hombre De Poesía

Hombre de poesía su destino
ya es ordenado.
Deberías ser profesor,
un cuentista completo,
espiritual pero mundanal,
amante de palabras
y de expresiónes artísticas.
Un entretenedor, encantador e ingenioso,
sencillo pero urbano.
Tienes que dar la impresión
de hombre sofisticado
y dueño de sí mismo,
uno que se ha hecho sabio
de todas las maneras del mundo
desde del principio de tiempo.
Tienes que ser todo a cada uno
y uno para todos
dando placer a la mayoría
con su componer.
Dado que la poesía
es muy distinta
que la prosa.

SUMMER NIGHT REFLECTIONS

The hot summer night, thick with humidity,
brought perspiration to his forehead.

He looked out into the darkness
as he sat on his front porch.

He imagined many events in his life
on a make-believe screen just out there
in the dark night.

Loves, triumphs, joys, defeats, and sorrows,
all rolled by on the projection screen
of his memory.

REFLEXIONES EN UNA NOCHE DE VERANO

La calurosa noche del verano llena de humedad,
trajó sudor a la frente del hombre.

Estaba sentado en su porche
mientras miraba hacia la oscuridad.

Imaginaba muchos acontecimientos de su vida
en una pantalla de su misma creación
en lo negro de la noche.

Amores, triunfos, alegrías, derrotas y tristezas,
todo se movió fácilmente en la pantalla
de su memoria.

HUMAN STRUGGLES

Sweltering summer-sunshine days
rolled on continuously, leaving
his front lawn with grass turned brown.

As he got into his car,
it took at least ten minutes
for it to cool off from the heat
of the sun's steamy rays.

The Ford Rouge plant
was visible at the end of
the broad, black-topped streets
where he drove along.

Much toil, striving and sweating,
had gone on in that complex
of buildings with the tall smokestacks.

The powder-blue sky
with softly billowing pure-white clouds,
heavenly and peaceful,
was in stark contrast, far removed from
all those earthly human struggles.

Luchas Humanas

Días veraneos calientes y sofocantes
rodaban sin término
dejando su césped quemado.

Cuando subió a su auto
duró casí diez minutos
para refrescarse el interior
de los rayos calurosos
del sol.

La fábrica Ford Rouge
era visible en el término
de la calle ancha y negra
donde manejaba
su auto.

Mucho labor, esfuerzo y sufrimiento
había sucedido allí en ese
complejo de edificios
con las chimeneas altas.

El cielo pastel
con blancas nubes puras
onudlentes,
celestiales y tranquilas,
presentaba un contraste chocante,
muy separado de todas esas
luchas humanas.

ANGELIC LANDSCAPE

According to Dali,
the landscape
came from heaven—

golden-colored terrain
sandy-hazed
horizon

very tiny figures
wings dancing
up and down

celebrating
in a
paradise land

patch of blue
mushroom
of brownish clouds

large, round
brown blob over
concrete block

across from
the angel and horse
in the foreground.

Paísaje Angélico

Según Dalí
el paísaje
era del cielo

terreno color de oro
horizonte
de arena neblina

figuras muy pequeños
con alas volando
arriba y abajo

celebrando
en una tierra
paraíso

mancha azulada
un hongo
de nubes morenas

una gota
grande y redonda
encima del bloque
concreto

al otro lado
del angel y el caballo
en la frente.

SUMMER LOVE

Endless days and nights
of warm and cool currents,
now and again softly blowing,
drifting along like
their newfound love.
Rustling leaves in the tall trees
traced their gently flowing feelings,
though quiet yet still,
intensely warm and alive.
Stirring within them and foretelling
of a longing that was unfolding,
blossoming, and growing unwaveringly
in the warm summer sunshine.

Un Amor Veraneo

Días y noches sin termino
con corrientes calurosos y frescos,
soplando suavemente de vez en cuando,
flotando como su amor nuevo descubierto.
Las hojas susurrando en los árboles altos
escribían sus sentimientos
que estaban suavemente saliendo
aunque callados todavía eran
calurosos y intensamente vivos,
inspirandoles y prediciendo
el anhelo que se iba desarrollando,
floreciendo y creciendo constantemente
en el calor y resplandor del sol veraneo.

LOVE'S SERENADE

In love, I see the sunshine bright.
In love, I look forward to the night.
In love, every little thing seems right.

In love, we are at the rainbow's end.
In love, there is fulfillment with a friend.
In love, there is always time to make amends.

In love, great creations are sometimes made.
In love, all music is specially played.
In love, the good things rarely ever fade.

In love, your smallest word or deed means so much.
In love, there is a thrill in your every touch.

In love, a positive inner glow pervades,
And the charm of life becomes a beautiful serenade.

Una Serenata De Amor

Cuando estoy enamorado puedo ver el sol brillante.
Cuando estoy enamorado espero la noche con placer.
Cuando estoy enamorado cada cosa pequeña me parece propia.

Cuando estoy enamorado estamos al fin del arco iris.
Cuando estoy enamorado hay cumplimiento en una amistad.
Cuando estory enamorado siempre hay tiempo para reparación.

Cuando estoy enamorado a veces se hacen gran obras de creación.
Cuando estoy enamorado toda la música se toca especialmente.
Cuando estoy enamorado todas las cosas buenas casi nunca se van.

Cuando estoy enamorado su palabra o acción más humilde significa tanto.
Cuando estoy enamorado su contacto físico me excita muchísimo.

Cuando estoy enamorado un brillo adentro y positvo siempre permanence,
Y el encanto de la vida se convierte en una serenata muy hermosa.

LOVE FANTASY

They had been building castles in the air,
dreaming a bridge of dreams
where they could cross over, enjoying the journey
of unreality and happy adventures together.
Time had stood still for them
while they lived the dreamy highlife,
tripping the light, fantastic through yesterdays,
todays, and tomorrows, feeling the bliss
and other good feelings of their love fantasy.

Una Fantasía De Amor

Habían construido castillos en el aire,
soñando un puente de sueños
en donde podían cruzar gozando su viaje
de irrealidad y aventuras dichosas
que compartían juntos.
El tiempo se había parado para ellos.
mientras que vivían su existencia llena de sueños
andando y conociendo muchas cosas raras
a través de sus ayeres, sus hoy días y sus mañanas
sintiendo la felicidad y los otros sentimientos
buenos de su fantasía de amor.

NATURE GIVES PRAISE

Birds sing,
celebrating the day,
despite the overcast sky
looming cloudy and gray.
Nature gives praise
to the Creator,
simple yet profound.

Musical birds' songs
echo across
green meadows,
refreshed by a crisp,
cool breeze all around.
Nature gives praise
to the Creator,
joyful noises
everywhere abound.

La Naturaleza Da Alabanza

Los pájaros cantan
celebrando el día
a pesar del cielo anublado
su reflejo el color gris.
La naturaleza da alabanza
al Creador,
sencillo aunque profundo.

Canciones de pájaros musicales
se suenan a través
del prado verde
refrescado por una brisa
crespa y fresca
en todas partes.
La naturaleza da alabanza
al Creador,
ruidos alegrías
de un lado al otro.

RARE MOMENTS

Like a solitary guitar playing
In the nighttime village square,
I felt myself caught up
In the lonesome melody
That played in the evening air.
I heard music that wasn't there.
Rare moods and rare feelings
Made everything in my every day
Seem unusual and unique,
Not like work but more like play,
Humble but not meek,
Bright but not bleak.

Momentos Raros

Como una guitarra solitaria tocando
En la noche en la plaza,
Me sentí capturado
Por la melodía triste
Que tocaba en el ambiente de la noche.
Oí música que no existía.
Ánimos y sentimientos raros
Hicieron todas las cosas cotidianas
Extraordinarias y uúicas,
No como trabajo sino como juego,
Humilde pero no temoroso,
Brillante y no oscuro.

DREAM JOURNEY

Wandering through his unusual odyssey,
He finally arrived at a different shore,
Bending with the wind
In the shadow of time.
Exotic and nearly bizarre,
Many of his experiences had been
Like pieces of a dream.
Searching for the gifts of the angels
And exploring in the sea of tranquility,
Passion, romance, and music
Had all been within his grasp.
Instead, while spinning the dream,
He had finally come to enjoy
The simple music of nature
And how beautiful
The park in the city is.

Sueño De Un Viaje

Paseando por su odisea extraordinaria
Por fin llegó a una orilla diferente
Doblándose con el viento
En la sombra del tiempo.
Exóticas y casi extrañas,
Muchas de sus experiencias habían sido
Como pedazos de un sueño.
Buscando los dones de los angeles
Y explorando en el mar de la tranquilidad,
La pasión, el romance y la música
Habían estado a su alcance.
Mientras hacía girar el sueño
Lograba gozar con
La música sencilla de la naturaleza
Y que bello es
El parque de la ciudad.

CHILDHOOD MEMORIES

A warm breeze flowed
in the summer air
as the little boy lay on his back,
gazing up at the sky.
The grass felt comfortable
underneath him.
This must be heaven
because it looks so beautiful.
Clouds were large, puffy,
and a bright-white color
with a powder-blue sky
as the backdrop.
They were slowly moving.
Suddenly, he heard his mother's
voice calling his name.
Reality had broken into his
daydream.
It wasn't good to be idle.

MEMORIES DE LA INFANCIA

La brisa calurosa fluía
en el aire de verano
mientras el niño estaba acostado
mirando hacia el cielo.
La hierba sentía muy comódo
bajo su espalda.
Eso tiene que ser el paraíso
pensaba porque parecía tan bello.
Las nubes eran grandes y sopladas
de un color blanco y brillante
con un cielo color azul de polvo
como un telón de fondo.
De repente oyó la voz de su mamá
llamandole.
La realidad se había entrado
en su ensueño.
No era bueno tener el tiempo vano.

THE WONDER OF LOVE

Love is music, singing, and dancing,
laughter, joy, and romancing.

Love is sharing, caring, and tender,
patient, long-suffering, and surrender.

Love is idealistic, truthful, and beautiful,
hardworking, diligent, and dutiful.

Love is gratitude, giving, and receiving,
wishing, hoping, and believing.

Love is ecstasy, sadness, and pain,
cloudy, sunshine, and rain.

Love is wonder, awe, and inspiring,
knowing, wanting, and desiring.

Love is a great miracle to praise,
an essential part of all our days.

La Maravilla
Del Amor

El amor es música, cantar y bailar,
risa, gozo y romance.

El amor es compartir, solicitud y ternura,
paciencia, sufrimiento y entregarse.

El amor es idealistico, verdadero y bello,
de trabajo, diligente y obediente.

El amor es agradecimiento, dar y recibir,
anhelar, esperar y creer.

El amor es éxtasis, tristeza y dolor,
nublado, soleado y lluvia.

El amor es maravilla, asombro y inspirador,
conocimiento, queriendo y deseo.

El amor es un gran milagro alabar,
una parte esencial de todos nuestros días.

TIME TERCETS

Time slips by without a care.
Most people are usually unaware.
For each one time is a distinct affair.

Everyone feels time passes by.
Sometimes, it seems to fly.
Other times, the hours magnify.

Time stands still for some.
A minute takes a millennium.
Meditation is the usual medium.

For many, there's not enough time in the day.
While for others, some delay is okay.
While still others just take it day by day.

TERCETOS DEL TIEMPO

El tiempo nos va sin hacerle caso.
Mucha gente por costumbre no se da cuenta.
Por cada uno el tiempo es una cosa distinto.

Todo el mundo siente el tiempo pasar.
A veces parece volar.
Otras veces las horas se aumenten.

El tiempo se para con algunos.
Un minuto se siente tan largo como un milenio.
La meditación es el medio usual.

Para muchos no hay bastante tiempo en el día.
Mientras para otros algun retraso está bien.
Y aun para otros lo toman día tras día.

EXTRAORDINARY SOMETHING

The road of life offers many choices,
decisions at every turn.
Each day, a brand-new occasion
to travel on still another sojourn.

A fascinating phenomenon
how we are created so unique.
Every life builds its own history,
its own separate valleys and peaks.

The extraordinary part of it all
is how each is one of a kind.
Working out our singular destinies,
we choose a path wherever it may wind.

ALGO EXTRAORDNARIO

El camino de la vida nos ofrece
muchas elecciónes, decisiónes con cada vuelta.
Cada día una nueva ocasión
para viajar por una temporada mas.

Es un fenómeno fascinante
como somos creados tan únicos.
Cada vida construye su propia historia
con sus subidas y bajadas distintos.

La cosa extradinaria es
como cada uno es sin igual.
Tratando de hacer nuestros destinos
escogemos un sendero sin darnos cuenta
la dirección.

THE POET

He meditates, contemplates,
reflects, and ruminates.
He must capture
the passion, music,
romance, and rapture
of all the life that he perceives
all around him.
He is at once the observer
and the observed.
He courageously records,
interpreting with words,
whatever his senses recall—
multicolored impressions
and the vibrant reality of it all.

EL POETA

Planea, contempla,
Refleja y rumía.
Tiene que capturar
la pasión, la música,
el romance y el rapto
que percibe al su alrededor.
Es al mismo tiempo
el observador y
el que observe.
Anota valerosa
interpretando con palabras
cualquier cosa que
sus sentidos llamen,
impresiones de varias colores
y la realidad vibrante
de todo.

ROSE MEMORY

When warm breezes blow
while summer blue skies
hold puffy white clouds
that slowly drift by,
the roses glow a rich dark red,
the color of burgundy wine,
hanging on the green vines.

The notion of her smile
was like one of those roses.
Many years had passed
since they had said goodbye.
Her rose memory always returned
whenever he saw the roses
hanging on the green vines.

Recuerdo De Una Rosa

Cuando sopla una calderosa brisa
y el cielo azul del verano
abraza las nubes blancas e hinchadas
que flotan lentamente,
las rosas brillan con un color rojo intenso
color del vino borgoña
suspendido en las verdes viñas.

El recuerdo de su sonrisa
era como una de esas rosas.
Muchos años han pasado
desde que se despidieron.
La memoria de ella y de la rosa
siempre volvía
cuando contemplaba las rosas
suspendidas en las verdes viñas.

MISTER ROBIN

The robin wants to be my friend.
Before you know it, he appears again.

Little robin of the orange-and-brown coat
Pops up on my lawn where he seems to dote.

His nervous little movements surprise and delight.
If I go too closely, he quickly takes flight.

Lately, my lawn has become his favorite place.
I watch him catch a worm with much skill and grace.

As I go out the door to leave each day,
There's Mister Robin, once again ready to play.

Señor Petirrojo

El petirrojo quiere ser mi amigo.
De pronto apraece allí otra vez.

El petirrojo pequeño del pelo moreno y naranja
se presenta en mi césped donde parecer chochear.

Sus movimientos nerviosos sorprenden y encantan
Si le acerco mucho se va volando.

Recientemente mi césped ha sido su sitio favorito,
Lo miro cuando captura el gusano con mucha habilidad.

Cada día cuando salgo de mi casa,
Allí está el señor petirrojo listo para jugar.

HOPE

Hope is like
The first rays of sunshine
At the dawn of a new day.
It is like finding the answer
When we pray.
Hope is like having been lost
And now being able to find the way.
Hope is confidence and inspiration,
Going forward without feeling dismay.
Hope is encouragement and promise
And finding the positive things
In our work and in our play.

LA ESPERANZA

La esperanza es como
El primer rayo de sol
De un nuevo amanecer.
La esperanza es como
Recibir la respuesta a una oración.
La esperanza es como
Haberse perdido y luego hallar el camino.
La esperanza es confianza e inspiración,
Seguir hacia adelante sin sentir desaliento.
La esperanza es himno y promesa
Encontrar lo más positivo
A lo largo del camino.

Life's Journeys

Winding roads, many turns,
Choosing paths the heart discerns,
Traversing problems, life's detours,
Following dreams we more prefer.

Winding roads, many turns,
Dilemmas, distractions, and concerns,
Trudging along many times,
Older, younger, or in our prime.

Winding roads, many turns,
Days filled up with things to learn,
Sometimes playing, sometimes not,
Many moments we forgot.

Winding roads, many turns,
Carefully traveling our sojourn,
We all seek the proper way,
Hoping to find our destiny one day.

Viajes De La Vida

Camino sinuoso, muchas vueltas,
Seleccionando senderos con el corazon,
Cruzando problemas, desvias de la vida,
Siguiendo sueños que preferimos mas.

Camino sinuoso, muchas vueltas,
Dilemas, diversions e interéses,
Caminando con esfuerzo muchas veces,
Viejo, joven o en la flor de la vida.

Camino sinuoso, muchas vueltas,
Días llenas con mucho de aprender,
A veces jugando, a veces no,
Muchos momentos que hemos olvidados.

Camino sinuosos, muchas vueltas,
Viajando cuidadosamente nuestra permanecer,
Todos buscamos la vía mas propria,
Deaeando hallar nuestro destino un día.

LOVE OPENS EVERY DOOR

There is a positive goodness that we can rarely ignore.
It is the power of love that opens every door.

Man's humanity to man is the ideal of evermore.
Instead, God's peace and justice are what each day
we must finally implore.

In the beauty of springtime, all hearts turn to love,
which may sometimes be in store.
Love's fascination draws us all to its romantic reservoir.

Life requires struggle with opposition and a knowing
of the score,
A striving for a balance and moderation and of a harmony
once more.

Love conquers all, so it is frequently told in many books
of yore.
It is another reminder that the positive force of love
truly does open every door.

El Amor Abre Todas Las Puertas

Hay una bondad positiva que raramente podemos ignorar.
Es el poder del amor que abre todas las puertas.

La humanidad para un hombre al otro es para siempre lo ideal.
En vez de ello finalmente tenemos que pedir la paz y la justicia de dios cada día, es esencial.

En la belleza de la primavera todo el mundo piensa en el amor que
a veces se puede realizar.
La fascinación del amor nos atrae a su depósito romántico.

La vida require una lucha contra la oposición y un conocimiento de lo que uno debe,
un esfuerzo para lograr equilibrio y una moderación y armonia
de lo natural.

Se dice muy frecuentemente en los libros del pasado que el amor
conquista todo,
es una advertencia más que la fuerza positiva del amor verdaderamente abre todas las puertas.

DIVINE PROVIDENCE

So many events,
so many circumstances,
the randomness of so many births
in many places and times
are all related in a common thread.
They form the myriad picture
of the unique person
that we are
and who we are becoming.

La Providencia Divina

Tantos eventos,
tantas circunstancias, tantos nacimientos fortuitos
en muchos tiempos y lugares
todos son relacionados en un hilo común.
Forman el retrato miriada
de la persona única
que somos
y que vamos siendo.

Blue Heaven

Soft
light-blue
puffy white
cottony clouds
rolled along, up steep
in the limitless sky,
gliding on the gentle breeze.
The angels were playing music,
all the while hiding between the mists,
glad for company in the wide blue heaven.

CIELO AZUL

Azul
suaves iluminantes
nubes blancos
algodones soplando
arrollados muy altos
en el cielo sin límites
resbalando sobre la brisa gentil
los angeles hacían música
mientras estaban entre la niebla
agradecidos por la compañía aquí en el cielo azul

FLOWING MEDITATIONS

Bright light reflected on the gently
flowing water that was cascading down
in glossy sheets in a swaying manner
on the graded wall in the large vestibule.
Small diamonds of light and water
created other worlds, other thoughts,
other feelings all within himself.
Each little shining gem transported
his imagination to another universe,
another world, and another time.
The wall of flowing waters had become
a wall of flowing meditations.

LAS MEDITACIONES CORRIENTES

La luz brillante se reflejaba sobre la agua
que corría suavemente hacia abajo
en una extensión de lluvia ondulante
encima de la pared que tenía
una inclinación descendiente
y que estaba en el gran vestibulo.
Diamantes pequeñas de luz y agua
creaban otros mundos, otros pensamientos
y otros sentimientos dentro del hombre.
Cada perla chiquita y reluciente transportaba
su imaginación a otro universo,
otro mundo y otra época.
La pared de agua corriente se había convertido
en la pared de meditaciones corrientes.

EARLY MORNING STILLNESS

With the stillness and peace
Of the early morning hours
Long before the sun rises
And sheds its wondrous light
On all the many flowers,

While sitting alone quietly
In a well-lit place,
There is time to pause
And meditate
On the many realities
That all of us must
Eventually face.

LA QUIETUD MATINAL

En la quietud y la paz
De las horas tempranas
Mucho antes del amancer,
Antes que los rayos del sol
Iluminan las flores:

Mientras me siento tranquilo
En un lugar bien iluminado,
Hay tiempo para hacer una pausa
Y meditar
Sobre las muchas realidades
Que todos nosotros finalmente
Hemos de enfrentar

POEMS OF LIFE

Every life is a complete universe—
large, small, or somewhere in between.
Various images of time and place
recall the stages of life's scenes.
Our first memories of infancy
begin as a state of utter dependency.
Helpless, we cry for everything.
Vague remembrances are like a dream.
Childhood has the most lasting effect,
though the recollections are also fuzzy.
Grade school, middle school, and high school
Seemed to go on forever.
In our maturity and young adulthood,
Our paths are more individual.
Poems fittingly express the diverse stories
of the numerous phases of our lives.
Thus, we may call them the poems of life.

POEMAS DE LA VIDA

Cada vida es un universo completo,
grande, pequeño o entre medias.
Diversas imágenes de tiempo y lugar
nos llevan a otras etapas de nuestra vida.
Nuestros primeros recuerdos de infancia
Se comienzan en un estado de total dependencia.
Indefensos, lloramos por todo.
Los recuerdos de aquellos momentos son como un sueño.
La niñez tiene un efecto duradero.
Aunque los recuerdos son pocos definidos.
La escuela primaria, la escuela secondaria,
el tiempo nos parecía interminable.
En nuestra juventud y madurez,
nuestros senderos son mas individuos.
Los poemas expresan con claridad las distintas historias
de las fases numerosas de nuestras vidas.
Por eso podemos llamarlos poemas de la vida.

Signs Of Spring

Blossom time, falling rain,
New springtime once again,
Flowers blooming; new, warm air,
Fresh green sprouting everywhere.

Blossom time, falling rain,
Robins singing their refrain,
Sunny days, clear blue skies,
Golden daffodils catch the eye.

Blossom time, falling rain,
Refreshing season, can't complain.
Children playing happy games,
Grown-ups look on, enjoying the same.

Blossom time, falling rain,
Time to celebrate the new green terrain,
Cold winter winds are now all gone.
Warm spring season continues on.

SEÑALES DE LA PRIMAVERA

Tiempo de lluvia y de flores,
Una primavera viene de nuevo,
Árboles floreciendo con el aire caluroso,
Verdura reciéen salida en todas partes brotando.

Tiempo de lluvia y de flores,
Los petrirrojos cantan su estribillo,
Días soleados, cielo azulado y claro,
Los narcisos de oro llaman la atención.

Tiempo de lluvia y de flores,
Temporada refrescante, no podemos quejarnos,
Los niños jugando sus juegos con mucha alegría,
Los padres mirando y gozando también.

Tiempo de lluvia y de flores,
Ya es la hora de celebrar el terreno verde,
El viento frío ya se acabó,
Ahora continúa la estación calurosa.

Flower Of New Love

Her smile was like a flower in bloom,
and the fragrance of her newfound love
softly flowed forth as sweet perfume.

Rose petals descended one by one,
and a tulip bud began to slowly open
as in spring is done.

The beauty of her fair and comely face
had left a flowerlike impression
on his heart that time would not erase.

Flor De Un Nuevo Amor

Su sonrisa era como el brotar de una flor.
La fragrancia de su nuevo amor
Fluía con la misma suavidad de un perfume.

Los pétalos de rosa caían uno tras otro
Y un brote de tulipán comenzó a abrirse
Poco a poco, como se hace en la primavera.

La belleza de su cara blanca y hermosa
Dejó en su corazón
La huella de una flor
Que el tiempo no borraría.

REMEMBERING

Remembering far back,
Once long ago,
When I was youthful
And had a need to know.

All of life
Filled me with awe,
And I remained charmed
By all that I saw.

As I wandered along,
Going here and there,
I felt deep down
That God was just
And fair.

RECORDANDO

Recordando en el pasado lejano,
Una vez cuando era más joven
Y tenía la necesidad de saber:

Toda la vida
Me hacía sentir temor,
Y me quedaba encantado
Con todo lo que observaba
En mí alrededor.

Mientras andaba adelante
Sentía profundamente
Que Dios era justo e imparcial,
Y para siempre será.

SPACES IN BETWEEN

The time went by so slowly
as he sat there in the waiting room.
Only minutes had actually passed,
yet it felt like hours that afternoon.
Times of waiting always felt this way—
waiting to board a plane,
for a taxi to arrive,
to catch a bus,
in the supermarket line,
at the employment line,
or at the doctor's office.
It was always this way.
These times,
these spaces in between
were a good time to think
or, better still,
to daydream.

Los Espacios Entremedios

El tiempo pasaba tan despacio
mientras que se estaba sentado allí en la sala.
En realidad solo unos minutos habían pasado,
pero sentía como horas habían pasado esa tarde.
Los momentos de esperar siempre se sentían así;
esperando abordar un aeroplano
esperando llegar un taxi,
haciendo cola en el supermercado,
subir un autobús,
en la oficina de empleo,
o en la oficina del medico.
Estas horas,
estos espacios entremedios,
eran un buen tiempo para pensar,
o mejor un tiempo para ensoñar.

MYSTIC AVENUES

Winding along, leading on the next
Enchanted cross street and far beyond,
Mystic avenues with a meandering way,
Proceeding to a certain destination
In an uncertain future place.
Just imagine as you are driving
And the day is drawing to an end,
The headlights of the cars riding
Back and forth grow stronger,
Shining their bright headlight beams
Into the recesses and crooks,
Giving the avenues their mysterious
And inscrutable look.

Avenidas Místicas

Enrollándose, deplegándose más allá
Del cruce de calles,
Las avenidas misticas con caminos sinuosos
Procediendo a un destino certero,
A un lugar incierto del futuro.
Imagina que conduces
A la tardecer.
Las luces de los autos
Que van y vienen brillan más
Y sus destellos alumbran
Los lugares recónditos y los recodos
Dando a las avenidas su apariencia
Misteriosa e inescrutible.

LOVE REMEMBERED

How beautiful is love remembered,
A love that had gone so far away.
They were very young and ingenuous,
Yet their love had already gone astray.

How beautiful is love remembered,
There is always a price to pay.
Vulnerable and open, eager to please,
Their hearts they must obey.

How beautiful is love remembered,
Kindness, goodness, and tenderness
All have their day.
The romance and fantasy of love
Brought them closer and made them
Want to pray.

How beautiful is love remembered,
Resplendent images and music
Brightened their way.
Such love remembered
Is more beautiful
With every passing day.

EL AMOR RECORDADO

Que bello es el amor recordado
Un amor que ya se acabó desde hace mucho.
Eran tan jovenes e ingenuos,
Sin embargo su amor se había desaparecido.

Que bello es el amor recordado
Siempre había un precio de pagar.
Vulnerables y sinceros, ansiosos de complacer,
Tuvieron que obedecer su corazón.

Que bello es el amor recordado
La gentileza, la bondad y el tierno,
Todo tienen su propio tiempo.
El romance y la fantasía del amor
Les unieron y les hizo querer rezar juntos.

Que bello es el amor recordado
Las imágenes esplenderosas y la musica
Iluminaron su camino.
Tal amor recordado es mas bello
Con cada día más.

GIFT OF THE PRESENT MOMENT

As I look past the boundary
Of this life toward eternity,
The inherent mystery and magic
Of each passing moment
Glows ever more brightly,
Full of joy and wonder,
Rich in potential,
Rich in meaning.
Is this the ever-fleeting
Yet ever-present
Moment?

Regalo Del Momento Actual

Mirando más allá de la frontera
De esta vida hacia la eternidad,
La magia y el misterio esencial
De cada momento que pasa
Brilla mucho más luminoso,
Lleno de gozo y asombro,
Abundante de potencial,
Abundante de significado,
Es este mismo momento
Siempre transitorio
Pero aún siempre
Presente.

WORLD TRAVELER

He had known the wonders of flight,
The beauty of music
Of the day and night,
As it would go rushing by.

He had witnessed the heavens,
From both near and far,
Traveling by jet plane
Hundreds of miles per hour.

He would look out the window
Of the huge airplane
And survey the vast expanse
Of blue sky and endless terrain.

He had journeyed far from home,
Even to Africa and beyond.
Seeing different peoples, places,
Cultures, customs, and languages
Was a rewarding experience
That in later years,
He would reflect upon.

Viajero Del Mundo

Había conocido el maravillo del vuelo,
La belleza de la música
Del día y la noche
Mientras que avanzaba con mucha velocidad.

Había visto el cielo
En la cercana y en el lejano
Viajando por avión de reacción
Cientos millas a la hora.

Miraba por la ventana
Del aeroplano grande
Examinando el espacio inmenso
Del cielo azúl y el terreno interminable.

Había viajado muy lejos de su hogar
Hasta África y más allá.
Viendo gentes diferentes, lugares,
Culturas, costumbres y lenguas
Fue una experiencia recompensada
Que en los años mas tardes de su vida
Se iba recordar.

As Time Passes

Our life is a tiny droplet
In the ocean of eternity.
Tossed back and forth
In this vast body of water,
We try valiantly to swim
To be competent.
Mostly, we learn by doing
As time passes by.

Fleeting seconds, minutes, hours,
Days, weeks, months, and years
All pass by moving swiftly along.
Our feeling of time moving
Leaves a strong impression on us.
Time and motion are closely
Related for most of us.
We observe the clock,
And we become older.
As time passes, we also pass.

Mientras El Tiempo Pasa

Nuestra vida es una gota pequeña
En el océano de la eternidad.
Echar al aire de un lado al otro
En esta masa inmensa de agua
Tratamos valerosamente nadir,
Ser competente.
Pero en su mayor parte
Lo aprendemos haciendolo
Mientras el tiempo pasa.

Los segundos pasando velozmente,
Los minutos, las horas, las semanas,
Y los años – todos pasan
Moviendose muy de aprisa.
Nuestro sentimiento del tiempo
Que es algo que se mueve
Nos queda con una impresión muy fuerte
Para la mayoría de nosotros
El tiempo y la moción
Son relacionados íntimamente.
Observamos el reloj
Y nos envecejemos
Mientras el tiempo pasa
Nosotros también pasamos.

WALKING IN THE PARK

Gray days,
cool, windy chill,
fall becoming winter,
I take my daily exercise,
brisk walk.

I see
many cars pass
as I move along the
path by the barren black wire fence,
walking.

Somber,
neutral light
of the late afternoon,
overcast sky fills the whole park,
light pace.

Andando Por
El Parque

Días nublados,
fresco, viento, helado,
el otoño haciendose invierno,
tomo mi ejercicio diario,
paseo enérgico.

Veo
muchos autos pasan
mientras que yo me voy
por el camino
paseando.

Obscura
luz neutral
de la trade atrasada
el cielo nublado cubre todo el parque,
lentamente.

MEDITATION

Times of stillness give us a gleaning,
a glimpse of fullness,
and colors of feelings.
Blue, green, and gold thoughts, gently streaming
without any effort for you to hold,
conscious of nothing and of everything
at the same time.

More and more learning about the other side
of yourself and of being,
a gentle flowing of all your senses,
which are sensing your foreverness
for a little while.

La Meditación

Horas de quietud nos dan un fragmento,
una ojeada a la plenitud
y a los colores de los sentimientos.
Pensamientos azúles, verdes y de oro
fluyendo gentilmente
sin ninguna fuerza para detenerlos.
Consciente de nada y de todo
al mismo tiempo.

Más y más conocimiento del otro lado
de usted mismo y de su ser;
un fluidez ligero de todos sus sentidos
que sienten su eternidad
por un poco tiempo.

WHERE LOVE IS

Love is found in many places
and expressed in different ways.
A part of all the social graces
of the little things we do and say.

Love is in all the natural beauty
of the good green earth, which God has made:
a sunrise, a sunset, a mountain,
a forest, a stream, or sparkling everglade.

Love is the great motivator,
more than just an emotion or feeling
to convince or dissuade.
It is a great mystery
where all the positive forces
always pervade.

DONDE EL AMOR ESTÁ

El amor se encuentra en muchos lugares
y se expresa de maneras diferentes,
en todas las costumbres sociales,
en aquellas pequeñas cosas
que decimos y hacemos.
El amor está en toda la belleza natural
de la hermosa tierra verde que Dios nos ha creado
en un amanecer, una anochecida o una montaña,
en un bosque, un arroyo o un pantano centelleante.

El amor es un gran motivador,
no solo una emoción o un sentimiento
para convencer o disuadir.
Es un gran misterio donde
las fuerzas positivas siempre prevalecen.

SPRINGTIME RAINS

Gray days of dampness and rain,
day after day, the downpour came.
Pattering raindrops fell unabated.
All the flowers welcomed
the rainfall and celebrated.

Many thoughts flowed through his mind,
like the raindrops tapping in time.
We could learn from the plants, he thought.
Simple rain is a great blessing;
the vegetation enjoys what nature has brought.

He recalled other springtimes now gone away—
former loves and places, former gray days.
The rain possessed a mysterious drive.
Vistas flashed across his memory
like the endless raindrops coming alive.

Las Lluvias De La Primavera

Días nublados, húmedos y de lluvia,
día tras día vino la llvuia fuerte y seguida.
Ruidos ligeros de la lluvia sonaban sin termino,
Todas las flores recibían la lluvia con gusto
Y celebraban.

Muchos pensamientos le recorrerían,
como las gotas de lluvia
que golpeaban ligeramente y con un ritmo.
Podíamos aprender de las plantas pensaba.
La lluvia sencilla es una gran bendición.
La vegetación goza todo que la naturaleza le da.

Recordaba otras primaveras que ya habían pasadas;
Otras existencias, otros lugares, y otros días nublados.
La lluvia tenía un impulso misterioso.
Panoramas se encendillan en su memoria
como hacían las lluvias sin termino y muy alegre.

SOME NIGHTS WE DREAM

Sounds of summer raindrops,
tranquil, gentle reverberations,
nature's reassuring music
helped me drift off tonight
into the slumber of unconsciousness.

Restful, slow breathing in and out
gradually created within me
the gray mists of foreverness
ushering forth the eternal now,
always there
available to everyone.

Old memories of my past
at work or at play
began to unfold
on my vague awareness,
ambiguous and mostly
difficult to recall
the next day.

ALGUNAS NOCHES
SOŃAMOS

Sonidos de las gotas de lluvia veraneos,
tranquilas, resonantes, ligeras,
la música de la naturaleza,
asegurando de nuevo,
me ayudó flotar por la noche
hasta el descanso sin conocimiento
ninguno.

Reposado, respirando lentamente,
me creó en mi mismo
el obscure gris de la eternidad
conduciendo el momento actual
siempre alli
disponible para todo el mundo.

Memorias ancianas de mi pasado
me comenzaron
ser consciente pero dificil
recordar el dia proximo.

Biographical Note

Gilbert Saenz (pen name: Gil Saenz) was born and raised in Detroit, Michigan. He retired from the government in 2004 where he had been employed as a computer specialist. He received his BA in English literature in June 1968 from Wayne State University, Detroit, Michigan.

In addition, he completed two years in the post-degree studies program also at Wayne State University. From 1960 to 1963, he worked as a personnel specialist in the United States Air Force. He also served as a US diplomatic courier in the foreign service office at Frankfurt, Germany, from 1969 to 1970.

Gil began publishing poems in 1984. To date, he has published over three hundred poems individually. Also, he has published several collections of his poems, which include *Colorful Impressions* (1993), *Moments in Time* (1995), *Dreaming of Love* (1999), *Poems of Life / Poemas de la Vida* (2001), and *Spaces in Between* (2003). Gil had been a member of the local Detroit-based group the Latino Poets Association until it disbanded in late 2003. He is also a member of the Downriver Poets & Playwrights of Wyandotte, Michigan, and the Poetry Society of Michigan. Poetry writing and publishing has become a favorite pastime and interest for him. Gil says, "Poetry is a very appropriate means of expression which helps describe the rare and unique moments that a person may experience at certain times of their lives. The language of feelings helps to explain a lot of phenomena that are difficult to explain in most other ways."

Nota Biográfica

Gilbert Saenz (Nombre de pluma: Gil Saenz) nació y creció en Detroit, Michigan. Se jubiló de su trabajo en 2004 en el gobierno donde era empleado como especialista de la computadora. Recibió su grado B.A. con su studio principal de la Literatura Inglesa en junio de 1968 en la Universidad de Wayne State en Detroit, Michigan.

Además, cumplió dos años en el programa post-degree studies tambien en la Universidad de Wayne State. De 1960 a 1963 trabajó como especialista de personal en la fuerza area de los estados unidos. También estuvo en el servicio de el gobierno federal por correo diplomático en la oficina alemañia de Frankfurt en los años 1969 a 1970.

Gil comenzó publicar sus poemas in 1984. Hasta ahora ha publicado 300 de sus poemas individualmente. Además, ha publicado varias colecciónes de sus poemas que incluye los títulos siguientes: COLORFUL IMPRESSIONS (1993), MOMENTS IN TIME (1995), DREAMING OF LOVE (1999), POEMS OF LIFE/POEMAS DE LA VIDA (2001), and SPACES IN BETWEEN (2003). Gil había sido un miembro del grupo basado en Detroit, Michigan que se llamaba Latino Poets Association hasta su disolvemiento en 2003. También es un miembro del grupo que se llama Downriver Poets & Playwrights en Wyandotte, Michigan y de la Poetry Society of Michigan. La actividad de escribir y publicar poesía se ha convertido en uno de sus pasatiempos y sus intereses más favorecidos. Según Gil, "La poesia es una manera muy pertinente de la expresión para describir esos monentos raros y únicos que una persona a veces experimenta en su vida. La lengua de las emociones nos ayuda explicar mucha fenómena que son difíciles explicar en cualquier otra manera."